Couvertures supérieure et inférieure manquantes

NOTES

CIMETIÈRE DE SAINT-OUEN

DE ROUEN

Par M. Ch. DE BEAUREPAIRE.

ROUEN

IMPRIMERIE DE H. BOISSEL

RUE DE LA VICOMTÉ, 55.

—

1877

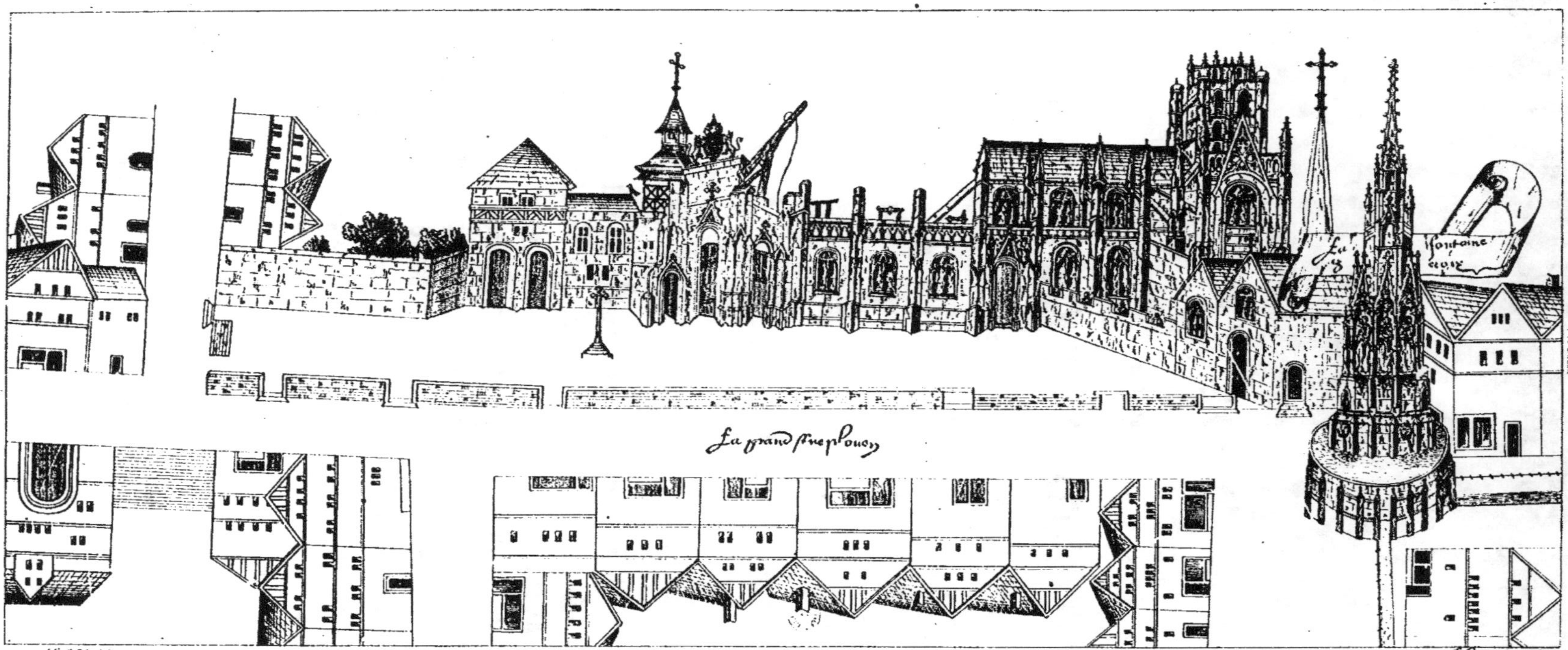

ACADÉMIE DE ROUEN 1876
La grand rue de Rouen
fontaine
Lith. H. Brière, Rouen
C. Sueurel, del.

NOTES

SUR LE

CIMETIÈRE DE SAINT-OUEN

DE ROUEN,

Par M. Ch. DE BEAUREPAIRE.

--------------->X<(<---------------

Les travaux exécutés dans le jardin de Saint-Ouen,
il y a quelques années, ayant amené la découverte
d'anciennes sépultures, M. l'abbé Cochet y fit quelques fouilles qu'il dirigea avec son habileté ordinaire
et qui révélèrent à son œil expérimenté l'existence
d'un cimetière remontant au vii⁰ siècle, c'est-à-dire à
l'origine même du monastère bénédictin (1). C'est là
assurément un point fort intéressant acquis à l'histoire de cette ville. Mais ce savant antiquaire paraît
s'être mépris sur l'étendue de ce cimetière et sur la
persistance de l'usage funéraire auquel avait été

---

(1) *Bulletin de la Commission des Antiquités*, t. II, p. 252
(séance du 5 déc. 1871). Cf. *ibidem*, séance du 19 février 1874.

primitivement affecté l'espace, d'ailleurs fort res-
treint, qu'il avait eu la bonne fortune d'explorer.
Son erreur, à première vue, assez indifférente, doit
être relevée parce que, tôt ou tard, si on la laissait
s'accréditer, elle pourrait avoir pour conséquence une
détermination fausse de l'emplacement où pourrait
être élevé un nouveau monument en l'honneur de
Jeanne d'Arc (1). Faisons donc l'histoire de ce cimetière; essayons de nous faire une idée exacte de
l'aspect qu'il présentait, lorsqu'il fut choisi, le
24 mai 1431, pour l'abjuration ou la prétendue abjuration de la Pucelle, et, vingt-cinq ans après, le
14 juillet 1456, pour la proclamation de son innocence.

Nous savons, par une charte de Guillaume-le-
Conquérant, qu'au xi⁰ siècle, un marché de boucherie
se tenait dans ce cimetière, que ce marché, ou plutôt
les droits qui y étaient perçus au profit du duc furent
donnés par ce prince et par son fils aux moines de
Saint-Ouen (2). C'était là aussi que, de toute antiquité, se tenait la foire de Saint-Ouen, qui avait lieu

(1) « Au Vieux marché, une statue conserve le souvenir du
bûcher. Au château, la tour du Donjon proclame pour des siècles
la prison de l'héroïne. Au jardin de Saint-Ouen ne conviendrait-il
pas de garder, dans un bosquet, le souvenir du passage de la
libératrice de la France? Il semble qu'aujourd'hui nous devions
être ingénieux et attentifs à rechercher jusqu'à la moindre trace
de chacun de ses pas, afin d'y faire entendre une parole d'expla-
tion. » *Ibidem.*

(2) *Notum esse volumus scae aecclesiae fidelibus tam praesentibus
quam futuris. quod dominus noster Guilielmus Normannorum dux
et filius ejus Rotbertus macellum penitus donant et reddunt. pro
abolitione delictorum suorum ac vitae aeternae merito. quod in
atrio sancti* AUDOENI *habetur. Tali scilicet ratione hoc scriptum pro*

— 5 —

le jour de la fête de ce saint, le 25 du mois d'août (1)
A l'occasion de cette fête, les religieux percevaient,
par substitution au droit du souverain, les coutumes
de la Vicomté de l'eau, de l'heure de none, le 24, à la
même heure, le 25, et ils devaient, en retour, fournir
le souper et le dîner à tous les officiers de cette
juridiction (2). Aux mêmes jours, les chanoines de
la cathédrale venaient processionnellement à l'église de
l'abbaye, la veille, pour les vêpres, le jour de la fête,
pour la grand'messe (3).

*supradicto macello firmant uterque et statuunt quatinus ab ho-
dierna die in posterum ratum semper et inconcussum maneat .
ad utilitatem fratrum servientium supra memorato sancto . Quod
si quis modo quolibet calunniando, quod absit . praefato sancto
surripere praesumpserit. indubitanter ipse et quot quot mandu-
caverint secum seu participationem aliquam habuerint. ex auc-
toritate Dei patris omnipotentis et sanctorum apostolorum cum
Annania et Saphira et Iuda impiissimo traditore excommunica-
buntur . damnabuntur . et a totius Christianitatis communitate
separabuntur. Signum Guillelmi comitis † . Signum filii ejus
Rotberti † . Signum Mahildis , comitisse † . Guillielmus filius
Osberni † . Radulfus filius Geraldi. Auberti dapiferi . Hilgerius
magister pueri . Magnus Brito. Gausfridus de Mannevilla. (Bulletin de la Commission des Antiquités, t. III, p. 162). Plus tard*
cette boucherie fut portée en dehors du cimetière, du côté de
Robec. Au xvi⁰ siècle, c'était encore une des quatre boucheries
de Rouen.

(1) Arch. de la Seine-Inf. Cart. de S.-Ouen. En 1328, huit
boulangers forains , qui apportaient à cette foire leur pain pour
le vendre, furent arrêtés par les fermiers des moulins de la ville,
sous ce prétexte que les forains n'étaient admis à vendre du
pain en ville que le vendredi, et seulement aux halles. Les pains
furent mis en pièces et perdus. De là, plainte des boulangers
et aussi des religieux, qui prétendaient que leur foire était
franche. Le bailli donna tort aux fermiers de la ville; il jugea
« que leur emprinse avait été follement et indûment faite , » et les
condamna à une amende envers le Roi et les fermiers.

(2) *Ibid.*, Cart. de St-Ouen, n° 28 B, p. 432.

(3) *Ibid.*, p. 438.

En 1280, ce cimetière était une place ouverte, dont rien ne défendait le caractère sacré. Les religieux portèrent plainte au pape Nicolas III des profanations qui s'y commettaient, et ils obtinrent de lui l'expédition d'une bulle, adressée à l'archevêque de Rouen, prescrivant à ce prélat de le faire clore, en vertu de l'autorité apostolique, s'il lui semblait que cette mesure fût utile au monastère et qu'elle pût être appliquée sans scandale et sans préjudice du droit d'autrui (1).

Je ne saurais dire quelle fut la décision de l'archevêque. Ce qui est certain, c'est que, dans les premières années du xv⁰ siècle, ce cimetière nous apparaît encore sans clôture, et dans un état qui donnait lieu aux mêmes plaintes qu'en 1280.

Mais, dans l'intervalle qui s'était écoulé entre cette année 1280 et le xv⁰ siècle, de notables changements étaient survenus et avaient sensiblement modifié l'aspect de l'emplacement qui nous occupe.

En 1318, on avait commencé la construction de la nouvelle église de St-Ouen, et les travaux avaient été poussés si activement qu'en moins de vingt ans, sous l'habile administration de l'abbé Marc-d'Argent, on avait vu s'élever le chœur avec les chapelles et une partie du transept. En 1322, les religieux avaient cédé, moyennant la somme de 10 l., pour tout le temps de sa vie, à Osbert de Malpalu, curé de l'église paroissiale de Sainte-Croix-Saint-Ouen, une maison qui venait d'être construite, dans l'aître ou cimetière de la paroisse, entre la chapelle Saint-Pierre, près du

<hr>

(1) *Bulletin de la Commission des Antiquités*, t. III, p. 163.

monastère de Saint-Ouen, et la maison de la porte de la sacristie (1). Il est à croire que cette chapelle, pour lors distincte, ainsi que ce texte l'indique, de l'église abbatiale, et ces deux maisons, la maison du curé et celle de la porte de la sacristie, n'étaient pas les premières constructions qui eussent été bâties sur le territoire du cimetière primitif. D'autres maisons avaient dû y être précédemment construites, du côté de la rue des Faulx. Du vivant même de l'abbé Marc-d'Argent, il fallut se décider à les démolir et prendre, en plus, une nouvelle portion du cimetière. Voici à quelle occasion.

Le curé et les paroissiens de Sainte-Croix-Saint-Ouen, par suite des travaux qui continuaient, ne se

(1) *Domum de novo constructam seu edificatam ad religiosos spectantem et pertinentem in atrio seu cimiterio dicte parrochie, sitam inter capellam Beati Petri apostoli, que est prope monasterium S. Audoeni predicti et domum janue seu porte dictorum religiosorum, videlicet sacristie monasterii S. Audoeni.* Samedi après la conversion de S. Paul, 1322. Cart. de S.-Ouen, n° 28 B, p. 610. Il est question de la *segrestie* dans deux autres actes que nous croyons intéressant d'analyser. En 1351, un nommé Huet Caval, lequel, pour soupçon de crime, s'était réfugié au jardin ou *preel* du couvent en la segrestie de l'abbaye, en fut arraché et fut entraîné au château à travers le cimetière, lieu d'immunité. Ordre fut donné par le lieutenant du bailli de *rétablir* le lieu par figure ou autrement (Vidimus de 1388) — En 1418, un sergent s'étant avisé de faire arrêt sur les biens d'un nommé Bardin de la Forge, compris au rôle de la taille pour le fait de la guerre, celui-ci réclama, à raison de son domicile. L'hôtel qu'il habitait était assis « jouxte l'aître de S. Ouen, entre l'église paroissiale et la porte de l'abbaye nommée la *Segretairerie*. » Cet hôtel était enclavé, « de tous bouts et côtés, dans le cimetière des religieux, pure et franche aumone, qui ne pouvoit, disoit-on, être soumise à la juridiction laïque. » Le cas fut considéré par le bailli, du consentement des parties, comme non avenu, sans préjudice des droits des uns ni des autres.

trouvèrent plus en sûreté dans la partie de la nef de l'ancienne église abbatiale qu'ils occupaient à titre d'église paroissiale. Ils demandèrent qu'on leur en construisît une autre à côté du monastère.

Il fut fait droit à cette demande, et, conformément à une ordonnance de l'archevêque Aymeri Guenaut, cette construction fut commencée et mise à la charge des religieux, curés primitifs de Sainte-Croix-Saint-Ouen (1).

La liberté de construire des églises était loin d'être absolue au moyen-âge, parce qu'elle entraînait nécessairement comme conséquence une restriction de la justice séculière. On en voit une preuve très frappante dans la question qui fut alors soulevée. Le terrain sur lequel l'église paroissiale était commencée devait-il être considéré comme lieu d'aumône, ou bien était-ce un lieu soumis soit à la justice du Roi, soit à celle du maire de Rouen? Dans ces deux derniers cas, le Roi ou le maire se seraient crus intéressés à empêcher la création d'un nouveau lieu sacré.

Un mandement de Philippe de Valois prescrivit au bailli de procéder à une enquête, à laquelle furent appelés les officiers du Roi, le maire et une partie de ses pairs. Le bailli fit mesurer l'église : elle fut trouvée contenir 2 perches et demie et 2 pieds en travers, 4 perches et demie et un pied de long en dedans œuvre. Il vit au milieu « deux grandes et longues fosses bien profondes, tout au travers de l'église, aboutantes l'une à l'autre, où on lui montra plusieurs coffres de pierre et de fust, desquels il fit

---

(1) Cette église fut postérieurement agrandie assez notablement.

sachier plusieurs ossements de personnes, tant testes que autres ossements qui ilec avoient esté jadis enfouis, comme en pur cimetière. » Les dépositions des témoins ne firent que confirmer ce que déjà on était autorisé à conclure de ces fouilles. Nul doute qu'on ne se trouvât en présence d'un sol sacré, jouissant de l'immunité ecclésiastique. Aussi remarqua-t-on que « lorsque aucuns faisoient meslées et eulx se boutoient dedens les maisons », sur les ruines desquelles la nouvelle église avait été en partie construite, « l'en ne les i osoit prendre. » Un boucher avait loué une de ces maisons pour y faire son métier. Les religieux avaient fait annuler le bail et avaient contraint le boucher à s'en aller ailleurs. Une autre fois, comme l'évêque de Bethléem, suffragant de l'archevêque, réconciliait l'abbaye, on avait observé qu'il avait eu soin de jeter de l'eau bénite du côté des mêmes maisons, preuve évidente que, dès ce temps-là, elles étaient réputées faire partie de l'enceinte privilégiée.

La conclusion de cette enquête fut que ni le Roi, ni le maire n'étaient fondés à s'opposer à l'achèvement de l'église en litige, puisque de toute antiquité le terrain qu'elle couvrait était une pure et franche aumône, comprise dans la baronnie des religieux et dans l'enclos de leur monastère.

On doit noter cependant que depuis d'assez longues années déjà ce cimetière était abandonné, puisqu'on ne prouvait sa destination que par des sépultures anciennes et qu'aucun des témoins ne dépose y avoir vu enterrer.

La nouvelle église paroissiale fut donc achevée

sans opposition du Roi ni du maire de la ville, bien que ce dernier eût témoigné son mécontentement et n'eût pas voulu être présent à l'enquête. Elle prit le nom d'église Sainte-Croix-au-Cimetière Saint-Ouen, *Ecclesia S*-Crucis in atrio S. Audoeni* (1), et par abréviation église Sainte-Croix-Saint-Ouen. Mais des difficultés d'un autre genre ne tardèrent pas à s'élever entre l'abbaye et les paroissiens. Ceux-ci prétendirent que leur église, dont la pauvreté contrastait avec la magnificence de l'église abbatiale, était non-seulement insuffisante pour la population, mais encore indigne du culte divin auquel elle était affectée ; ils demandèrent qu'elle fût consacrée, qu'on y fît un jubé pour le chant des évangiles aux fêtes solennelles ; qu'elle fût lambrissée et vitrée ; que les religieux n'eussent point à leur disposition une porte particulière pour se rendre de leur sacristie à ladite église ; que les clés fussent remises aux mains du curé ; qu'il y eût une porte vers Robec pour la garde du luminaire ; qu'on y fît un porche *pro parvulis catechumenandis*, usage qui me paraît digne d'être signalé ; qu'il y eût une tour convenable ; qu'on leur attribuât un cimetière particulier, proche de leur église ; qu'on ne bâtît, qu'on ne plantât rien qui pût empêcher le jour que donnaient les fenêtres (2). L'archevêque fit venir

(1) Reg. capitul. de la cathéd., 25 sept. 1552.

(2) *Item quod habeant cimiterium limitatum dicteque sue ecclesie propinquum... Hostium, de quo contenditur inter partes, claudi et ab utraque parte sigillari, dictosque religiosos per dictum locum ad dictam ecclesiam de sacristia non habere aditum, remanente figura hostii duntaxat, jure si in dicta ecclesia hostium habere debeant per quod de sacristia accedere ad dictam eccle-*

par devers lui, à Déville, le procureur des religieux, le curé et les principaux paroissiens. Il se borna à décider que provisoirement et jusqu'à plus ample informé, les religieux n'auraient point de porte particulière pour accéder à l'église Sainte-Croix-Saint-Ouen. Les autres points furent accordés, en principe, aux paroissiens et durent être mis à exécution dans un délai que fixerait Barthélemy Raynaud, professeur en l'un et l'autre droit, chanoine de Rouen et vicaire général. Quant à la consécration à faire de l'église, et au droit d'inhumation, l'archevêque s'en réserva l'examen, parce que cela dépendait uniquement de son office pastoral (Déville, 28 sept. 1342).

Il n'est pas douteux qu'il ne fut rien statué quant au cimetière. Le curé continua d'enterrer dans tout l'espace qui entourait la nef de la basilique au midi et au couchant. Les profits des sépultures appartenaient aux religieux qui, seuls, donnaient la permission d'inhumer, non-seulement dans ce cimetière, mais aussi dans l'intérieur de l'église paroissiale (1).

En 1430, peu de temps avant l'arrivée de Jeanne

siam, ad suum libitum, valeant, tam in petitorio quam in possessorio, et rationibus dictorum curati et parrochianorum in contrarium salvis, integris et illesis.

(1) Ainsi, en 1345, le curé fut poursuivi pour s'être permis, sans autorisation préalable, d'enterrer dans son église le corps de la femme d'un riche bourgeois nommé Guill. Le Febvre. Le procès fut porté devant l'official de Beauvais, juge délégué par la cour de Rome, et se termina par une sentence en faveur du couvent. Il y eut exhumation. Le mari dut présenter des excuses à genoux; et ce ne fut que par grâce et en considération de son repentir, que le corps de la défunte put être réintégré dans sa tombe. Arch. de la Seine-Inf., F. de St-Ouen. Ce fait est raconté par D. Pommeraye, *Hist. de S. Ouen*, p. 389.

d'Arc à Rouen (1), les paroissiens obtinrent la permission de faire clore de murs, en y laissant un certain nombre de passages, ce vaste cimetière qui présentait cette singularité d'être affecté à la paroisse et de ne point lui appartenir Il y eut un projet d'accord entre les paroissiens et l'abbaye. Ce projet est sans date, sans sceau, ni signature. Il y eut, à la suite, un accord en règle, passé devant Guillaume de Ferrières, lieutenant-commis de Raoul Le Bouteiller, chevalier, bailli de Rouen et de Gisors, ayant le gouvernement de la justice et juridiction des aumônes de l'archevêché de Rouen pour cause de la régale (2). C'est ce bailli qui joua un rôle si odieux pendant le procès de la Pucelle. Cet accord est daté du 12 sebtembre 1430.

Ces deux pièces méritent d'être étudiées : elles se complètent l'une par l'autre, et donnent une description aussi exacte qu'on peut le désirer de l'aspect que présentait cette place, lorsque fut instruit ce célèbre procès, dont l'intérêt, bien loin de s'affaiblir, s'accroît et devient, de jour en jour, plus vif, au milieu de toutes les scènes, touchantes ou tragiques, qui se sont ajoutées à notre histoire.

Voici ce qui résulte de ces deux actes. L'aître du cimetière de Saint-Ouen n'était pas clos du côté de la rue ou du pavement du Roi. Des chevaux y passaient chaque jour et y faisaient leurs courses; il s'y commettait des choses déshonnêtes ; les passants, ignorant que ce fût un cimetière, s'y comportaient

---

(1) Jeanne d'Arc fut amenée à Rouen au mois de décembre 1430.
(2) L'archevêché était vacant par la translation au siége de Besançon du cardinal de la Rochetaillée.

commé en lieu profane et public, au déshonneur et *vitupére* de l'abbaye et de l'église paroissiale. Les paroissiens s'adressèrent donc au couvent et proposèrent de faire faire une clôture à leurs dépens. Les religieux accueillirent favorablement cette demande, en mettant, toutefois, à leur consentement, cette condition que cela ne porterait aucun préjudice «ores ne pour le temps à venir au droit, titre et possession qu'ils avoient en l'église paroissiale et au cimetière, tant au cimetière nommé le cimetière Saint-Pierre, lequel est et se pourporte, d'un côté, la nef de l'abbaye, d'autre côté, le pavement de la rue venant de devers le pont de Robec, d'un bout, le montier paroissial, la porte de la secrétairerie et aucunes maisons estant environ la dite porte et, d'autre bout, le demourant d'icelui cimetière, à prendre depuis le bout de bas de la dite nef en allant tout droit en ligne au pavement de la rue de Saint-Amand, que aussi au sourplus d'icellui cymetière *outre* ladite nef, laquelle église parrochial et le dit cymetière ou cymetières furent déclarés appartenir auxdits religieux sans que lesdits parroissiens y pussent prétendre aucun droit, excepté qu'ils avoient leur usage seulement d'estre enterrez et inhumez audit cymetière, qui est outre la nef d'icelle abbaye quant iceulx parroissiens alloient de vie à trespassement ». D'après ce texte, le cimetière Saint-Ouen avait pour limites 1º une ligne droite longeant la façade de l'église parroissiale, la porte de la sacristie et quelques maisons, c'est-à-dire une ligne partant de l'église paroissiale et aboutissant entre le transept et la porte méridionale de l'église abbatiale ; 2º la nef de cette même église ; 3° une ligne tendant du bas de cette nef et aboutissant à la rue de Saint-Amand ; 4° la rue qui venait du pont de Robec et à laquelle faisait suite la grande rue Saint-Ouen. Ce cimetière portait le nom de cimetière Saint-Pierre. Devant la façade de l'église abbatiale le cimetière continuait et perdait le nom de cimetière Saint-Pierre. C'était dans cette partie qu'étaient le plus ordinairement enterrés les parroissiens de Sainte-Croix-Saint-Ouen.

Les religieux demandèrent aux paroissiens de laisser dans cet espace, après qu'ils l'auraient fait clore, un certain nombre d'entrées et de passages, les uns pour les chevaux, charriots et charrettes, les autres pour les hommes à pied, à savoir « un passage à charroy auprès du moutier de l'église paroissiale de Saint-Ouen, vers la rue du pont de Robec, et un passage à pied entre le même moutier et le même passage ; — Item, un passage à pied à l'endroit de la rue venant de Saint-Amand audit lieu de Saint-Ouen ; — Item, un passage à charroy à l'endroit de la grant rue de Saint-Ouen et un passage à pied, à l'endroit d'icelui passage à charroy ; — Item, un passage à charroy à l'endroit de la rue venant de derr'ere les murs et clôture de l'abbaye, et un passage à pied auprès dudit passage à charroy. »

Dans l'accord passé devant le lieutenant du bailli, 12 septembre 1430, le nombre de ces passages se trouva réduit. Il faut citer textuellement, bien que les termes de cet accord soient un peu moins clairs que ce qui précède. « Les religieux consentent que les paroissiens fassent faire et parfaire la closture de pierre

sur et autour le cymetière S. Ouen par ainsi qu'il y
aura une allée ou entrée à charoy qui sera de 12 piez
d'espace ou longueur au coing dudit cimetière, devers
la rue qui va derrjère les murs et closture de l'abbaye
où l'on va à la Rougemare, et une à pié auprès d'icelle,
et aussi aura en lad. closture, près lad. église paroissial, une autre allée ou entrée à charoy de 13 piés de
longueur, ainsi que encommencée est, et, à l'endroit
de chacune d'icelles deux allées ou entrées à charoy,
aura une closture en fourme de barrière fermant à
clef, dont lesdiz religieux auront tant de clefs que bon
leur semblera pour aller, venir, passer et repasser
eulz, leurs gens, charettes, charoys, harnoys, che-
vaulx et autres choses quelconques, toutesfois qu'il
leur plaira, et aussi pareillement lesdiz trésoriers et
les aucuns des parroissiens d'icelle parroisse auront,
de chacune d'icelles deux barrières, une ou plusieurs
clefz semblables à celles desdiz religieux pour y
passer et rappasser euls et leurs choses, toutesfoys que
mestier sera et qu'il leur plaira ; et semblablement
aura une autre entrée ou allée à charoy de XIII piés
de longueur en ladite closture, ainsi que encommencée
est au coing dudit cymetière devant le bout de la
grant rue S. Ouen, devant laquelle entrée n'aura
aucune barrière ou closture, et si seront parfais les
autres passages à pié, ainsi qu'ils sont commenchés
et ès endrois où ils sont, et par ainsi que lesd. religieux seront et demourront, sont et demeurent sains
et entiers en toutes les droitures, saisines et possessions quelconques, ainsi et en la forme et manière
qu'ils disoient avoir, et en quoy ils disoient estre,
tant de lad. église parroissial que dudit cyme-

tière S. Pierre et du sourplus de tout ledit cymetière (1). »

Tel nous le voyons en 1430, tel ce cimetière était
encore en 1522. si ce n'est que la nef romane, en
ruine, qui lui servait de limite en 1430, avait été rem-
placée par la nouvelle nef, dont aujourd'hui nous
admirons la légèreté et les élégantes proportions.
Cette année 1522, la paroisse fut déchargée de l'obli-
gation où elle était de demander aux religieux la
permission d'inhumer les corps des défunts tant dans
le pourpris de l'église que dans le cimetière de
S. Pierre ; en même temps, on lui abandonna le
profit des sépultures. Mais, en retour, on restreignit
l'espace dans lequel pourraient se faire les inhumations. Elles ne devaient plus avoir lieu depuis
« l'endroit du grand portail et ès deux portes jointes
équipollentement jusques à la croix du cimetière que
avaient alors présentement lesd. parroissiens et
depuis lad. croix à l'équipollent jusques à la grand
porte de la maison abbatiale.

« Par semblable, ils ne pouvoient faire d'inhumations

(1) Ce cimetière est encore indiqué dans un autre accord
conclu entre Jean, abbé de Saint-Ouen, et le couvent, d'une part,
et les paroissiens de Sainte-Croix près l'abbaye, d'autre part, au
sujet des livres liturgiques à fournir à ces derniers. Les religieux
s'engagèrent à les fournir, « attendu, disaient-ils, que nous avons
le prouffit des enterremens des personnes qui estoient enterrées
dedans le dit moustier et en grand partie du cymetière, qui estoit
en tant que le vieil moustier de notre dicte abbaye (la nef romane n'était donc pas encore détruite) se pourporte de long et
de lé que l'en apele le cymetière S. Pierre, sans ce que lesd.
parroissiens y prennent aucune chose. » Février 1146. Arch. de la
Seine-Inf., F. de St-Ouen (titre original), et Cart. de St-Ouen,
n° 29, f° 58 v° (transcription).

devant l'autre porte de l'église du monastère vers la
fontaine, plus près de ladicte porte qui fera le coing
de lad. églize S.-Ouen, ne approcher plus près de la
muraille de lad. églize ou corps d'icelle que de deux
toises, et, le long de la muraille des Marmousets, de
quatre toises, ne faire ne ériger aucunes croix, épita-
phes, tombes ne clostures autres que celles de présent
y estant dedans ledict cymetière, reservé ès murets
faisant la closture dudict cymetière, èsquelz pourroient iceulx parroissiens mectre des croix et épita-
phes, se faire le vouloient.... lesquelz murets ne
pourroient estre de plus grand haulteur que de trois
pieds à toise hors les terres. S'il avenoit qu'il fust
besoin de réconciliation audict cymetière, par semblable seroit à leurs despens, et demourroient lesd.
religieux en leurs droits et possessions de passages
pour leurs chevaux, charrettes et harnois... par les
passages estant de présent audict cymetière, ainsy
que de tout temps avoit esté accoutumé, lesqueulx
seroient tenus clos de barrières fermans à clef, aux
despens des parroissiens, desquelles barrières iceulx
religieux et parroissiens pourroient avoir tant de
clefs qu'il leur plairoit pour les ouvrir et fermer
quand bon leur sembleroit ; et si ne pourront
iceulx parroissiens empescher que iceulx religieux,
si bon leur sembloit, ne pussent faire tout le long de
la soubz-aile de leur d. églize, du costé dudict cymetière, chapelles de la forme et essence de celle de
S.-Pierre et S.-Pol estant de présent en leur dicte
églize, auquel cas lesd. parroissiens pourroient faire
leurs inhumations ioignant desdictes chapelles ; et
s'il advenoit que, durant la foire de S.-Ouen, ledict

2

cymetière fust pollu, pour quelque cause que ce fus
pour quoi il convint réconcilier, icelle réconciliation se
feroit aux despens de lad. abbaye, et non aux despens
des parroissiens ; le droict direct et principal desdicts
cymetières demeureroient en tout ausd. religieux, et
les droicts de ladicte foire, acquits ou profits qu'ils
praignent la vigille et jour S.-Ouen demeureroient en
tout et pour tout ausd. mesmes religieux. »

Le plan *du Livre des Fontaines* de 1525 rend parfai-
tement intelligibles les termes de cet accord. On y voit,
en effet, figurés la clôture avec les divers passages, la
croix du cimetière et la muraille des Marmousets partant de l'église abbatiale, entre la chapelle S.-Pierre-
S.-Paul et la porte méridionale, et se rendant à l'église
paroissiale de Sainte-Croix-S.-Ouen, muraille qui fut
abattue à une époque postérieure pour être rempla-
cée par un bâtiment retracé dans le plan du
Monasticon gallicanum. Ce plan de 1525 nous donne
la description de ce que devait être, à très peu de
chose près, la place ou le cimetière de S.-Ouen, à
l'époque du procès de la Pucelle. Dès 1430, en effet,
la partie du cimetière attenant au transept et au
chœur, c'est-à-dire la partie explorée par M. l'abbé
Cochet, se trouvait isolée du reste par le presbytère
construit en 1322, par la porte de la Secrétairerie (1)
et par quelques maisons y attenantes (accord de
1430). Aussi est-il remarquable que les tombes re-
trouvées par M. l'abbé Cochet dans cette partie de
cimetière étaient toutes anciennes et vraisemblable-

_____

(1) Dite porte Saint-Pierre et Saint-Paul, près l'église Sainte-
Croix-Saint-Ouen, 1656. Compte de la fabrique de l'abbaye de
Saint-Ouen.

mont antérieures à l'enquête de 1342, dont nous avons parlé. Ce qui est encore à noter, c'est que l'inscription relative aux indulgences accordées par le pape Jean XXII à ceux qui, par piété, visitaient ce cimetière, se trouvait encastrée dans une des tours du portail du couchant, dans le voisinage de la partie du cimetière plus spécialement affectée à la sépulture des paroissiens de S.-Croix-S.-Ouen (1).

Mais, lors même que l'on supposerait que, dans le temps du procès de Jeanne-d'Arc, cette séparation dont il est question n'existait pas, nous ne saurions pourtant admettre, maintenant que les vastes dimensions de ce cimetière nous sont connues, qu'on eût fait choix d'un coin de cimetière, étroit et peu accessible, pour une cérémonie comme celle de l'abjuration de Jeanne-d'Arc, cérémonie à laquelle, dans la pensée des juges, il importait de donner tout l'éclat et toute la publicité possibles.

Ce fut dans ce but, évidemment, qu'on préféra cette place aux autres places de la ville. Pour la même raison, en 1451, un échafaud y fut dressé et servit à une prédication publique contre le cordelier André Feré, coupable d'avoir publié, sans permission préalable de l'archevêque, de prétendus miracles arrivés dans l'église de son couvent par l'intercession de saint Bernardin-de-Sienne, en la personne d'une femme nommée Marie Maubourg (2).

Si les juges ecclésiastiques, en mainte circonstance, choisirent le cimetière de Saint-Ouen, à cause de son

(1) Aujourd'hui conservée au Musée des Antiquités.
(2) Arch. de la Seine-Inf., G. 166. — En 1438, Jeanne Vaneril fut prêchée au cloître Saint-Ouen.

étendue, pour des abjurations et des prédications solennelles, le peuple, de son côté, s'y portait plus volon-
tiers qu'ailleurs, et par le même motif, pour des
jeux, des attroupements ou des émeutes (1). Aussi
trouve-t-on de fréquentes mentions de réconciliation
de ce cimetière.

Pendant plusieurs années, à la suite d'actes de vio-
lence, ce cimetière demeura souillé, ou, comme on
disait, pollu, sans que les grands vicaires voulus-
sent se prêter à une réconciliation nouvelle, qu'ils
jugeaient inutile jusqu'à ce que le lieu eût été clos et
fermé de murailles. L'étendue de la place rendant
cette opération coûteuse et difficile, les paroissiens
en revinrent à l'idée de demander aux religieux, dans
la totalité de l'ancien cimetière, une place restreinte

(1) « Aux cymetières des églises de ceste ville et signantement
en la grant court de l'abbaye de S. Ouen s'assemblent, aux di-
manches et jours de festes, plusieurs gens de mestier, jouant aux
quilles et palet et autres jeux et blasphémant souventes foys le
nom de Dieu, de sorte que souvent il en advient bateries, débats
et querelles. » Ordonnance du lieutenant général du bailli de
Rouen, 11 avril 1564. — Sur cette place se trouvait une sorte de
Cour aux Miracles, décrite par David Ferrand, dans sa *Muse
Normande*, p. 136. Voici l'argument et l'*envoi* du Chant royal,
singulier, consacré à la description de ce lieu mal famé :

« L'autheur descrit certaine grand Cave où tous les gueux et
Trucheurs de la ville se trouvent à cause que la boisson s'y vend
meilleur marché qu'ailleurs et des miracles qui s'y font, et des
Histoires qui s'y racontent. »

ENVOY.

Dedans Sainct Oüen place fort spacieuse
Est cette Cave en tout miraculeuse,
Où tous les gueux hantent journellement,
Et puis qu'il faut que le vray mot j'en racle
Vn chacun d'eux la nomme proprement
L'heureux séjour de la Cour aux miracles.

et cependant suffisante pour l'inhumation des corps. L'immunité ecclésiastique, battue en brèche depuis si longtemps, était alors assez faiblement défendue. Les moines de Saint-Ouen ne firent pas difficulté d'accorder aux paroissiens la permission que ceux-ci sollicitaient. En conséquence, on fit (20 février 1659) clore et fermer de murailles d'une hauteur de 4 pieds, y compris le chaperon, une place devant la façade de l'église, dont les dimensions furent exactement déterminées et où fut élevée une croix. Je ne m'arrêterai pas à décrire ce nouveau cimetière qu'on voit figuré sur tous les plans de Rouen et sur celui de l'abbaye dans une planche du *Monasticon gallicanum*. A partir de ce moment, il ne fut plus question de l'ancien cimetière de Saint-Ouen, qui cessa d'être réputé un lieu sacré.

C'était à la croix du parvis de Saint-Ouen que les chanoines de Rouen venaient remettre entre les mains des religieux le corps de l'archevêque décédé, en leur disant : *Vos tradidistis nobis dominum archiepiscopum vivum ; nos reddimus eum vobis mortuum, ita ut crastina die reddatis eum nobis.*

Ce fut par là que le malheureux roi d'Angleterre, Jacques II, fit son entrée dans l'église Saint-Ouen, le 25 juillet 1688 (1).

Au xiv* siècle, l'usage s'était introduit de se faire enterrer, par piété, de l'autre côté de l'église, dans le cloître même des religieux. Ainsi, pour ne citer qu'un exemple, le 2 mars 1480, Guillemine, veuve de Vin-

---

(1) F. de St-Ouen. *Livre des choses notables*, à la date indiquée.

cent Therouide, boulanger, voulut être enterrée
au cloître de Saint-Ouen, sous la première voûte où
étudiaient les jeunes religieux.

Plus tard, on préféra au cloître l'intérieur de
l'église abbatiale. Ce fut dans une des chapelles de
cette église, la chapelle de Saint-André, derrière le
chœur, que fut enterré, le 23 juillet 1442, Jean de
Saint-Avit, évêque d'Avranches, prélat véritable-
ment français par le cœur, qui, dans le cours même
du procès de la Pucelle, avait eu le courage de se pro-
noncer pour elle et de rendre témoignage de son
innocence.

Extrait du *Précis des Travaux de l'Académie des Sciences, Belles-Lettres et Arts de Rouen, année 1875-76.*

Rouen. — Imp. H. Boissel.